テゼの源泉

これより大きな愛はない

ブラザー・ロジェ
（テゼ・コミュニティー）

サンパウロ

Original Title : SOURCES OF TAIZÉ —No greater love—
by Brother Roger

71250 The Taizé Community, France
Cover photo by S.Leutenegger

Printed in Japan by Sanpaolo Press in 2019

目　次

目　次

目　次

※本書における聖書の引用は、『聖書　新共同訳』（日本聖書協会発行）によっています。
※本書は、ドン・ボスコ社より刊行された『テゼの源泉』（一九九六年四月初版）を加筆・修正し、サンパウロ刊（初版）として発行したものです。

祈り

キリスト・イエス
あなたはいつもわたしの内におられました
それにわたしは気づいていませんでした
そこにおられたのに
わたしはあなたを探していませんでした

あなたを見いだしてからは
あなたがわたしの命のすべてになるようにと　あこがれたのです

炎が　ひとつの炎がわたしを燃やし続けたのです

しかし何回となく　ふたたびあなたを忘れ始めたのでした
あなたがわたしを愛し続けておられる中で

1 知らない方が、わたしたちのただ中に

静かなあこがれ

「あなたがたの中には、あなたがたの知らない方がおられる」[1]

この地上のどこにいようとも、あなたは、自分の心のもっとも深いところにある神秘に触れようと望んでいるのです。感じていますか——それがほんのつかの間であっても——あなたの内側にある静かなあこがれを。それは、ひとつの現存へのあこがれ。

この単純素朴なあこがれ、この単純素朴な神への渇望、これはすでに信仰の始

まり。(2)

　わたしたちの知らない方が、わたしたちのただ中におられるのです。その方を近くに感じる人も、まだ隠されていると感じる人も、一人ひとりは驚きのうちに、その方がこのように語られるのを聴くのです。「なぜ恐れるのか。わたし、イエスはここにいる。わたしがキリスト。わたしが初めにあなたを愛した。(3)あなたの内にわたしはわたしの喜びを置いた」

　自分の応答がどんなに弱くもろいものであるかを、あなたはよく知っています。福音が差し出すあの絶対的な招きに向き合うとき、自分には何の用意もできていないと感じるのです。

最初のキリスト者のひとりは、すでにこのようにキリストに応《こた》えたのでした。「信じます。わたしの不信心をお助けください(4)」

まず何よりもこのことを知ってください。数々の疑いや、神は沈黙する者にすぎないという印象が、あなたから聖霊を取り去ることはけっしてないということを。

神があなたに望まれること、それは、信頼のうちに、自分のすべてをキリストにゆだねること、そして愛を迎え入れること。

あなたがどんなにさまざまな方向に引っぱられていても、あなたはひとりで選択しなければなりません。だれもあなたに代わることができません。

キリストは、けっして強要なさらない

キリストに従ってゆこう、振り返らずに歩んでゆこうとあなたは望みます[5]。そこで、あなたは勇気を出し、福音のうちにあなたの信頼を置こうとするでしょうか[6]。それも一回限りでなく、絶えることなく何回も。

けっしてご自分を押しつけることなく、あなたの横で静かに共に歩く方。この方に招かれながら、あなたは新しく歩みだそうとするでしょうか。復活なさったキリストはあなたの内に現存し、あなたの道の先を歩いてくださるのです。

あなたは、キリストに自分をゆだね、自分のうつろな存在のただ中に新鮮さの源をいただくのでしょうか。それとも、困惑して恥じ入り、「キリストに愛される価値などわたしにはない」とさえ言うのでしょうか。

神のすばらしさは、その現存のありようが実に謙遜だということです。神は、けっして押しつけません。人間の尊厳をけっして傷つけません。服従を強要することもありません。どんな絶対主義的な態度も神にはふさわしくありません。神が罰を下すために来られるという考えは、信仰の最大の妨げの一つなのです。

キリストは「心貧しく打ち砕かれた者[7]」、無理強いすることはけっしてありません。

もしキリストがご自分を押しつける方だとしたら、だれがあえて彼に従うようにとあなたを招くのでしょう。

あなたの心の静けさの中に、彼はささやくのです。「恐れることはない。わたしはここにいる(8)」

理解されてもされなくても、復活なさったキリストは、すべての人のすぐ近くにとどまっておられます。ご自分に気づかない人の近くにさえもとどまっておられます。神秘のうちに、そこにおられるのです。

人の心の内に炎が燃えています。暗闇の中の光(9)。あなたのことが唯一の関心事かのように、神はあなたを愛しておられます(10)。神はご自分の命をあなたのためにささげたのです[11]。これこそが神の神秘。

キリストとひとつに結ばれるとき、観想と葛藤が同一の源から来ることをあなたは知ります。観想のうちに祈ること、それは愛のためです。虐待されている人々の人間性の回復のために葛藤すること、それもまた愛のためです。

神のあまりのまぶしさに、わたしたちは盲目にされたかのようです。しかし、キリストはこの燃える炎の中に道を開き、それによってわたしたちの目は、くらむことなく、神が輝き現れるのを見るのです[12]。

核心があなたの目にまだ隠されているように感じても、気を落とすことはありません。核心へのそのようなあこがれを通してのみ、あなたは復活なさった方に向かってさらに進んでゆこうとするのですから。

すべての理解をはるかに超えた愛のさらなる深さと広さとを、あなたは日々感じていくのです[13]。このようにして、あなたは自分の人生の終わりまで驚きを毎日受けとり、新しい始まりに必要な勇気を引き寄せていくのです。

かつて望みもしなかったこと

すべての人の中に、どんな人間的な親密さでさえも満たすことのできない孤独な部分があります。

しかし、あなたはけっしてひとりではありません。深いところによく目を注いでください。[14]心の最も深いところで、キリストがあなたを待っておいでになるのです。そして、あなたがかつて望みもしなかったことが始まるのです。

キリストは、「廃止するためではなく、完成するために」来られました。[15]心の沈黙のうちに耳を傾けるとき、あなたは気づくのです。キリストは人を辱《はずかし》めるためにこられるのではけっしてなく、人を変容させるために、あなたを最も悩ませていることさえも新たに変容させるために来られることに。

本当の自分と向き合うことが、あなたの中に不安をもたらすのですか。しかし、イエスは、ありのままのあなたのために祈っておられるのです。非難することには、何の意味もありません。[16]もしあなたが、自分自身の中にあるすべてのことを非難し始めたとしたら、昼も夜もすべての時間があっても足りないのではありませんか。

あなたの内から試練が、あるいは外から誤解が生じるとき、どうか忘れないでください、苦悩の激しい痛みが走るまさにそのところが、同時に創造的な力が生まれるところであることを。そこにこそ、疑いから信頼へ、渇きから創造への道が開かれているのです。

キリストの愛、それは炎

理解に苦しむことに囲まれているのですか。闇がますます深まるとき、神の愛は炎。闇の中で燃え続けるそのともし火をじっと見据えるだけでいいのです、夜明けが訪れ、あなたの心に太陽が昇るときまで。(17)

この光の源を自分が創造したのではないことを、あなたはよく知っています。それは、キリストから来るのです。

神の愛のまぶしいほどの到来、それは聖霊。この聖霊は、夜の稲光のように一人ひとりの人生に入り込むのです。この神秘に満ちた現存によって、復活したキリストはあなたの手を取られます。キリストは、あなたのすべてを、その耐えられないほどの試練さえも、ご自分の中に担ってくださいます。

後になって、ときにはずっと後になって、キリストのこのあふれんばかりの命がいつもそこにあったことに気づくのです。そしてこのように言うのです。「道で話しておられたとき、わたしたちの心は燃えていたではないか[18]」

キリストをはっきりと感じられないときも、何一つ新しいことが始まっていないと感じるあの長い沈黙の期間にさえも、あなたは、復活したキリストの現存のうちにとどまり続けますか。

このようなところでこそ、人生の最も大切な決断が形づくられていきます。そこでは、「こんなことをしていて何になるのか」という、あの絶え間ない思いは溶け去っていくのです。

キリストが何をあなたに望んでおられるのかをほとんど理解できないときは、理解できないというそのありのままをキリストに語るのです。打ち砕かれた謙遜な祈りの中で、あなたのすべてを、ことばにならないことでさえ、キリストに差し出すのです。

自分自身への大きな寛容の心が大切です。自分の祈りが整っていないからといって心配してはなりません。あらゆる霊的な自負は、魂の小さな死を意味していることに気づきませんか。

あなたは、自分の生活によって、キリストと共に生きる愛の詩歌を創造するようにと招かれています。この招きにあなたの身をゆだねるのです。自分のからだと精神がひからびて乾ききった大地のように思えるときでさえ、あなたは復活したキリストを待ち続けますか。

そしてキリストは、あなたの内にひとつの直観を呼び起こすのです。それは新しい活力の充満。そして、あなたの内に砂漠の花が芽を出すのです。軽快さあふれる喜びの花。(19)

祈り

復活なさったキリスト
あなたは　わたしたちのありのままの心を受け入れます
なぜわたしたちは　あなたのもとへ行くためには
まず自分たちの心を変えなくてはいけないと思うのでしょうか
それらは　あなたが変容させてくださるのです

あなたは　わたしたちのとげで火を起こされるのです
開いた傷口こそが　あなたの愛が生じるところ
そして　その苦痛のただ中にこそ
あなたは　あなたとの交わり《コミュニオン》を成就してくださいます

あなたの声は
わたしたちの夜の闇に宿るのです
そして　わたしたちの内に
賛美の門口が開かれるのです

2

最も小さい者の一人にしたのは、
わたしにしてくれたことなのである

単純素朴な生活

キリストに従ってゆこう、振り返らずに歩んでゆこうとあなたは望みます。忘れないでください、キリストに従って歩むとき、あなたは、人々と分かち合う生活、大いなる単純素朴な生活へと招かれるということを。この招きは避けられません。

キリストの心から流れ出る福音の次のことばを、家の壁に掲げ、いつも心に刻むのです。「わたしの兄弟であるこの最も小さい者の一人にしたのは、わたしにしてくれたことなのである[20]」

病い、飢え、過酷な住宅状況などに覆われた世界にあって、人々の苦悩を和らげるために自分の創造性豊かな賜物を差し出す人はだれなのでしょうか。

「死の陰の地に住む人々[21]」の叫びをだれが理解するのでしょうか。人と人の間の、民族と民族の間の憎悪の悪循環を断ち切るために、だれが信頼と平和のパン種となるのでしょうか。

悪は、神が創造なさったのではない

ある人はこう考えます。もし神が存在するならば、戦争や不正義をゆるすはずがない。この地上のたったひとりでさえも病気や抑圧の下に置かれることなどゆるすはずがない。もし神が存在するならば、悪を行うことから人間を確かに遠ざけるはずだ。

三千年ほど前のある日、預言者エリヤは神に聴くために、砂漠へと向かいました。まず激しい風が起こり、そのあとに地震、そして燃えさかる炎と続きました。しかし、エリヤは、神がこの自然の暴力的な炸裂《さくれつ》の中にはおられないことを知ったのです。やがてすべてが静かになると、エリヤは神のささやく声を聴いたのです。[22]ここで彼は、驚くべき真実に気づきました。神の声は、沈黙の息づかいの中で訪れるということに。

このようにして、ひとつの明確な洞察が、おそらく初めて書きとめられたのです。神は、けっして暴力的な方法で人を脅《おび》えさせようとはなさらないということ。悪、地震や戦争、自然災害などは、神が創造したものではないということ。災難や人間の苦悩は、神のご意志ではないのです。

神は、けっして強要なさいません。神は、わたしたちに自由をお与えになりました。愛する自由、愛さない自由、ゆるす自由、ゆるしを拒む自由。しかし神は、人間の苦悩に対して、けっして無関心な傍観者ではありません。神は、不条理な試練におかれた無実の犠牲者と共に苦悩します。神は一人ひとりと共に苦悩するのです。[20] 神が体験する痛み、キリストが感じる苦悩があるのです。

住みやすい地球を築く

最も貧しい人々や不正義に覆われている人々が忘れられることがないような、より住みやすい地球を築くことにあなたは招かれています。恐れているのですか。心配しているのですか。キリストとの交わり《コミュニオン》は、あなたがこの招きに自分を差し出すとき、それに必要な勇気を与えてくれるのです。

苦《にが》くつらい出来事がいくつもあります。それらの中でけっして受け身になるのではなく、逆に、それらを建設的に用いていくことが可能なのです。

あなたは気づいているでしょう。世界平和のためには、富の平等な分配が基本的な条件の一つであること、また、科学技術からもたらされる膨大な可能性は、飢餓を克服し、身体的苦悩を和らげるのに欠くことのできないものであることを。

あなたの目は開いているでしょうか。無実な人々の苦悩に、破壊された関係によって傷を残しているすべての子どもたちの苦悩に、愛する者から見捨てられた人々に、耐えられないほどの孤独を体験している無数の高齢者たちに。

「わたしの信仰は弱い」「わたしは何も持っていない」と嘆き、分かち合うものがほとんどないからといって心配しないでください。[23] ほんのわずかなものを分かち合うとき、神はあなたの心をあふれんばかりに、無尽蔵に満たしてくださいます。

所有するものを分かち合うこと、それは、生活を単純素朴にし、あなたの家を開け放すことへと導いていきます。人々を迎え入れるために必要なものはほとんど何もありません。たくさんのものを所有していることは、より広い交わり《コミュニオン》の助けとなるより、むしろ妨げとなるのです。単純素朴な食卓、そこには祝祭の心がゆきわたります。

満ちあふれる命を生きるために、単純素朴になるということ。単純素朴な生活を通して、あなたは生きていることの喜びを発見するのです。

そしてそのとき、ほとんど何もないときにさえ、あなたの創造性はあなたの周りに美しさを造り出していくのです。

「創造」という光あふれる賜物と共に、あなたの内に喜びが歌い出すように。そしてそのとき、あなたの目は永遠からのまなざしを感じとるのです。

祈り

キリスト
すべての命の救い主
あなたはいつもわたしたちのところへ来られます

あなたをお迎えします
夜の平和のうちに
昼の静けさのうちに
創造の美しさのうちに
激しい内なる葛藤のうちに
あなたをお迎えするとは

どんな状況においても
あなたがわたしたちと共にいてくださると知ることです

3 和解する心

ゆるし、さらにゆるし続ける

キリストに従ってゆこう、振り返らずに歩んでゆこうとあなたは望みます。あなたは、和解する心で人生を――最も損なわれた緊張関係のただ中においてさえ――歩み続けますか。

不一致の中において、だれが正しく、だれが間違っているのかを見つけようとすることに何の意味があるのですか。

人があなたの意向を曲解するときはどうしますか。キリストのゆえに、あなたが不当に判断されるときはどうしますか。[24] ゆるすのです。そしてそのとき、あなたは自分が自由であることに気づきます。比類なき自由。

ゆるすのです。そしてさらにゆるすのです。これが愛の最高の表現です。[25] そこでイエスの最後の祈りが、あなたの祈りとなります。「彼らをおゆるしください。自分が何をしているのか知らないのです[26]」

あなたがゆるすのは、他人を変えるためではありません。ただ単純素朴にキリストに従うためです。

隣人を、その存在の限られた一つの局面からだけで理解するのではなく、彼らの人生のすべての段階を通して理解するのです。

どこまでも透明であるように努めるのです。巧妙な計略や操作に心を向けてはなりません。あなたの考え方に強制的に向かわせようと、人の不安をてこにしながら、その人の良心を操《あやつ》ってはなりません。

誘惑から自由になるために、キリストの賛美を歌い続けるのです、喜びと静かな清らかさに満たされるまで。

キリストの招きは喜びへの招き。落胆への招きではありません。

どんな時代であっても、信頼のうちに、一歩を踏み出すのです。どんな灰色な日々にも、キリストの賜物は喜び。それは軽快さ。嘆き続けるのではなくて、あらゆる瞬間にすべてをキリストに差し出すのです。あなたの疲れきった体、それさえもキリストに差し出すのです。

まず行って、和解する

キリストは交わり《コミュニオン》です。あなたは、キリストに根ざさずに孤立して生きることを選ぶのですか。それとも、キリストのからだ――その教会――との交わり《コミュニオン》の中で、この地上に現存される復活の主に根ざして歩むのですか。教会は、その母性的な愛とゆるしの神秘を人々に伝え分かち合うとき、キリスト・イエスをはっきりと映し出すのです。

福音に触れた、ごく最初の人々のひとりは、福音の真実をすでにこのように理解したのでした。「たとえ、わたしが神の名のもとに語る賜物を持っていようとも、あらゆる知識に通じていようとも、山を動かすほどの完全な信仰を持っていようとも、愛がなければ、無に等しい(27)」

あの唯一の交わり《コミュニオン》――すなわち教会――において、昔も今も、その中の対立はキリストの体を裂き続けてきました。

光あふれるエキュメニカルな（教会一致への）招きとは、今もこれからも、時を移さずに今、和解を遂げることへの招きです。

福音において、和解は時を待ちません。「あなたが祭壇に供え物をささげようとし、兄弟が自分に反感を持っているのを思い出したのなら、すべてをそこに置いて、まず行って彼と仲直りしなさい(28)」

まず行って、仲直りするのです。「先に延ばそう」というのではけっしてありません。

エキュメニズムは、そこで和解が先延ばしにされていくとき、架空の希望を生み出します。それが行き詰まりの状態になり、さらに平行な道を甘受するとき、そこではゆるしの活力が無駄になり、エキュメニズムは化石のようにさえなるのです。

和解を通して、わたしたちは福音を真に生きる者となります。そしてその和解は、人類すべての平和と信頼のパン種になっていくのです。

しかし、いったいどこに和解を生む愛の炎を見いだすのでしょう。

「苦しめられても人を脅《おど》さず、……自らその身にわたしたちの罪を担い、……その傷によってわたしたちをいやされた方[29]」、これがキリストです。このキリストにわたしたちは従うのです。

なんと幸いなことでしょう、キリストに従い、その深い同情の極みまで生き抜く人は。「敵を愛し、あなたがたを侮辱する者のために祈りなさい[30]」

愛してくれる人だけを愛すること、それは何か特別なことではありません。そのことのためにキリストは来られたのではなかったのです。信仰を持たない人でもそのようなことは十分行うことができます[31]。

回心は、わたしたちの存在の最も深いところで起こります。それは、拒絶されたり侮辱されたときでさえ、自分を傷つけたそのような人々をただちに神にゆだねるときに起こるのです。

和解は、心に春をもたらします。そうです、時を移さずに和解することによって、自分自身の心が変えられるという驚くべきことに気づくのです。

ある壊れた関係に終止符を打とうと決断して、対立する人々のところに行って「和解するために来ました」と告げ、彼らが「とんでもないことだ」と答えたとしたら、あなたはどうしますか。

もう一度あえて彼らのところへ行く勇気があなたにはあるでしょうか。彼らとの間に距離を置こうとするあなたの不安感を払いのけ、拒絶した人々のところへ戻って、「和解するために来ました」とふたたび言うことができるでしょうか。

そしてもし、彼らがふたたび荒々しくあなたを追い払うならば、そこで、あなたは何というすばらしい発見をすることでしょう！　あなたはそのとき気づくのです、彼らがすでにあなたの内に静かに迎え入れられていることに。あなたがあえて信頼の冒険に歩み出すとき、不思議なことに、あなたの内に喜びの信じられないほどの軽やかさが生じるのです。

教会と呼ばれる交わり《コミュニオン》の神秘の中で、紀元一世紀と同じように今日《きょう》も、わたしたちは「心を合わせて熱心に祈る」ようにと招かれています。「イエスの母、マリアとともに(32)」

おとめマリアは、わたしたちの道に光を注ぎます。マリアの中に、普遍性の心があります。マグニフィカト（マリアの賛歌）には、マリアの歌があふれ出ています。そこで彼女は、すべての人のために、希望をささげます。預言的な直観のうちに、御子《みこ》の到来の中にすべての人の救いの源があると歌います。[33]

マリアの中では、母性的な愛と普遍性とは一つです。これは教会についても言えることではありませんか。この二つの姿のうち一つが弱まると、もう一つの姿も次第に消えていくのです。

あなたの生き方を通して、人をキリストへと呼び起こす

何世紀にもわたってキリスト者は、聖霊に満たされて、信頼する心、信頼する信仰を人々に伝え分かち合ってきました。

あなたは、復活されたキリストの道を開き整えていく者になるのでしょうか。(34) あるいは、ためらってこのように言うのでしょうか。「なぜわたしに、人々のために福音の道を整えよと言われるのですか。ごらんください、わたしは本当に無力なのです。子どものようなわたしなのです」

自分ではまだ気づかないその賜物によって、大切なことを人々に伝え分かち合うことができる子どもたちがいます。[35] その信頼する姿や意外なことばによって、人々を神へと目覚めさせる子どもたちがいるのです。この子どもたちのすばらしさを、だれがすべての人に伝えてくれるでしょうか。

あなたは、何よりもあなたの生き方を通して、人をキリストへと呼び起こすのです。ことばだけでは単に幻想の中に入り込むだけです。小さな話し合いのグループが、神や聖霊やキリストとの交わりについての単なるおしゃべりの場になってしまったら、そこに何らかの創造性があるでしょうか。

深いところで利己主義から解放されること、無私の心で生きること。そこであなたは、復活されたキリストの命を人に伝え、分かち合い始めるのです。

一時的な熱狂の発散ではなく、終わりまで誠実であり続ける堅実な心で、あなたは歩んでいきますか。(36)

祈り

キリスト・イエス
もし山を動かすほどの信仰があっても
そこに命あふれる愛がなかったら
わたしたちはいったい何者でしょう(27)

あなたは　わたしたちを愛しておられます
わたしたちの内に息づくあなたの聖霊なくして(37)
わたしたちはいったい何者でしょう

あなたは　わたしたちを愛しておられます
わたしたちのすべてをご自分のもとに引き寄せられて
あなたはわたしたちのために
神への信頼する道を開いてくださいます
人に災害も苦悩もけっして望まれない神への信頼の道を

復活なさったキリストの霊
深い同情と愛情の霊
賛美の霊
一人ひとりへのあなたの愛
それらは決して消えることがありません(38)

4

自己実現、それは
神の現存のうちに身をゆだねること

神のゆるしの炎

命の水の泉に通じる道をだれが整えるのでしょうか。その泉にこそ、冒険の道を歩み出すときに必要な活力があふれているのです。

あなたは自分にこう問います。「わたし自身を真に実現させる道は、どこにあるのだろう」。冒険のない安住しきった生活をあなたは望んでいません。自分の生から何かを創造してゆこうとあこがれているのです。

行き詰まった状況の中にとどまり続けることによって時間を無駄にしてはなり

ません。そこでは、自分の活力を使い切ってしまうかもしれません。自分の中に浸っていてはなりません。いっときのためらいもなく進むのです。自己実現は、神の現存の内に身をゆだねることによってのみ可能であることに気づくとき、あなたの心はさらに広く成長します。

あなたは問います。「現存や過去の苦《にが》い状況を思い浮かべると、命の泉は覆われ、わたしの心は落胆してしまう。このようなときに、自己実現など可能だろうか」

忘れないでください、神は、あなたのすべての心配を担ってくださることを。

生きることの意味が分からなくなったときにさえ、きらめく一筋の火が燃え上がります。あなたの夜を照らす光。神の愛は炎。

神のゆるしの炎は、あなたの戸惑いを払いのけ、あなたの内深くに燃え立つのです。神は、あなたを名指しで呼んでおられます[39]。その火は、あなたの怒りの根幹を燃やすのです。その火は、「これで十分」ということなく、燃え続けます[40]。

心の最も深いところにいるわたしになってゆく

自己実現とは何か。過ちを恐れて、選択することをためらっているのですか。

戸惑いを覆い隠すために自分の暗闇を呼び出そうとすることをやめるのです。

なんと幸いなことか、自らの手を目から払いのけ、信じることの信頼だけに支えられて勇気を出し、前へ進む者は(41)。


自己実現とは何か。自分の心の最も深いところにいるあなたになってゆくこと。

そして、子どもの心の門が開き放たれます。愛の驚き。

うれしさの泉があなたの内に湧き上がります。それは、単なる心地よさでもなく、あるいはたくさんある喜びの中の一つでもありません。それは、永遠の源泉からまっすぐ訪れる歓喜。

もし、喜びが消えてしまうとしたら

もし、祝祭の喜びの息吹が消えてしまうとしたら……。

ある晴れた朝に目を覚ますと、そこが機能的で高度の技術に満ちていながらも、内面の命が絶えてしまった社会であったとしたら……。

科学技術は、この地球をもっと住みやすい所にするために不可欠です。しかし、もしわたしたちが、信頼あふれる信仰と心の知性を忘れるようなことがあったら……。それは人類家族の未来を築きあげるための生命線なのです。

もし唯一の交わり《コミュニオン》、すなわちキリストのからだ――その教会――から、喜びの息吹が絶えてしまったら、また、もし教会の母性的な愛が訓戒的な数々のスピーチにとってかわってしまったら、どこにわたしたちはあふれ出る内面の命を見いだすというのでしょうか。

もしわたしたちが、エウカリスティアへの、また神のみことばへの、子どものような信頼を失うとしたら……。

もしキリスト者の祈りが、退屈で重苦しいことばで表現されたり、直観や詩心が忘れられ、復活なさったキリストのほむべき現存の入る余地のないものであったとしたら……。

祈り

イエス　復活の主
あなたは　わたしがしばしばこの地上で
　よそ者のようにうろたえているのをご存じです
しかし　わたしの魂はあなたを求めて渇き
　あなたの現存へのあこがれであふれています
キリスト
あなたからわたしを遠ざけているすべてのことを
あなたの内にゆだねるまで
　わたしの心は憩うことがないのです

5

もしすべてが、
信頼する心から始まるのなら

人間は、絶望のために創造されたのではない

もしすべてが、信頼する心から始まるのなら、いったいだれがつぶやき続けるでしょうか、「わたしは、この世で何をしているのか」と。

地球のあらゆるところで、東と西で、北と南で、人々の信頼の心が奮い立つために、あなたの息吹と、そして実にたくさんの人々の命が欠かせないのです。(42)

もし、ゆるすことの熱情があなたの内に燃え上がるのなら、そのときあなたは、国々の最も暗い日々の中にさえ、交わり《コミュニオン》の光をともすことができるのです。

何かを始めるために、長い人生のすべての経験が必要だということはありません。

忘れないでください、歴史の中で最も困難な時期に、地上の広範囲にわたって、わずかな数の人々が――女、男、そして子どもたちさえ――歴史の道筋を変えたことを。彼らは、祈りのうちにひたすら待ち続けることを通して、あるいは観想の生活を通して、キリスト・イエスとの交わり《コミュニオン》を保ち続けたのです。それによって彼らは、人の目には見えなくても、信じる者と信じない者の間で和解のパン種となったのです。

行き詰まった状況を変えるために必要なすべてを備えた人々は、今日《きょう》もまた存在しています。彼らは、不信と疑惑の時代と決別して、信頼と和解の時代を創造するために必要なすべてを備えているのです。

彼らは、分裂を癒やそうとして、人間性のただ中に自らを据え、かつてわたしたちが期待さえしなかったことの証しとなっているのです。

想像を絶するいくつもの試練を通して形造られてきた人々。どんなことがあっても耐え、[43]変えることのできないすべての状況の中であえて耐え忍んだ人々。

彼らは、賜物として与えられたこのような生き方によって、人間が絶望のために創造された者でないことを証しするのです。

崩されねばならない壁は確かにあります。しかし、このような人々にとっては、何よりもまず「唯一の源泉」があるのです。そこから、新しい始まりに必要な勇気を何回もくり返しくみとるのです。

神への単純素朴なあこがれ、
それはすでに信仰の始まり

この「唯一の源泉」は、どのようにしたら見いだせるのでしょうか。福音が、最も新鮮に現れるこの源泉。

あなたはすでに気づいているかもしれません、人間の内の最も深いところに、ひとつの現存へのあこがれがあることに。

思い出してください。神への単純素朴なあこがれ、それはすでに信仰の始まり

だということ。(2)

そして、すべてを包む共同の祈りの美しさの中で、キリスト・イエスがご自分を差し出すとき、神を理解したいというこのあこがれと渇きはますます強くなります。

初めから広い知識が重要なのではありません。もちろん知識には大きな価値があります。しかし、信仰の神秘に触れるのは、何よりもまず直観を通してなのです。知識は後から来ます。すべてが一度に与えられるのではありません。

もしキリストが地上に来られなかったら、神はいまだに遠く離れていて、そこに手を伸ばすことさえも不可能だったかもしれません。キリスト、復活なさった

主によって、わたしたちの命は神に近づくことができるのです。(12)

あなたは、光あふれる福音のこの真実に、いつも心をとどめるのでしょうか。「わたしたちではなく、まず神がわたしたちを愛してくださった」(3)。この真実が、あなたの命の光です。

どんなに信じ難いように思えても、自分のすべてを神にゆだねるのです。その神をすぐに愛せないからといって心配することはありません。

今を生きる

福音書の中でイエスは、思いわずらうことからは何も始まらないとさとしておられます(44)。自分の数々の限界と内なる弱さとを受諾するようにと、あなたは招かれているのです。

自分を、そして他者をも傷つけるもののうちに、なぜとどまり続けるのですか。

ごく初期のキリストの証人のひとりは、こう言っています。「わたしたちの心が自らを非難するとしても、神はわたしたちの心よりもさらに大きい(45)」

自分自身のことに心を奪われるのではなく、謙虚に悔い改める心へと、キリスト・イエスはあなたを招いておられます。悔い改めとは何を意味するのでしょう。それは、キリストに自分の過ちをゆだねる信頼の躍動。そこであなたはゆるされ、自由へと解き放たれ、今という現在を思いきり生き始めるのです。もう落胆することはありません。いつもゆるされているからです。

「そのようなことは不可能だ」と、あなたは言うかもしれません。

キリストは、その深い同情を、和解の秘跡を通してあなたに注がれます。そしてあなたは理解するのです。あなたの人生は――たとえそこに数々の試練があろうとも――、キリストのゆるしの糸によって織られていることを。

内なる声

復活なさったキリストは、あなたの近くにおられます。「神の国は、あなたがたのただ中にある」(46)。そして、あなたの中に内なる声が湧き起こります。その声は祈りです。口は閉じていても、沈黙するあなたの心はその声に聴き、神の現存に大きく開いているのです。

ことばで祈るとき、それが貧しくぎこちない祈りに思えることもあります。それでもあなたは神に告げるのです。あなたの喜びと絶望、それらすべてのことを。ひとりで祈るとき、ことば遣いはさほど大切ではありません。そこでは他者を当惑させたり損なわせたりすることもありません。

そしてキリストは、さまざまな出来事を通してあなたを招かれます。キリストは、一つの直観へとあなたを招き、それはあなたの内に湧き起こり、あなたの中で働き続けます。その直観を表すたった一つのことばでさえも、もしあなたがそこにとどまるならば、それはあなたの進むべき道を開いていくのです。

あなたの内に、この祈りがあります。

「すべての命の救い主よ、日々が過ぎ去り、その中でわたしはあなたに応《こた》えませんでした。神など本当は必要としていないかもしれないと思うほどに、わたしは遠くへと離れていました。ためらいと疑いの壁が築かれ、遠くをさまよっていました」

「イエス・キリスト、神秘あふれる現存、あなたはわたしを待っておられました。そしてわたしは、わたしの抱える数々の矛盾の最も深いところで、また内なる反抗の中にさえも、光あふれる福音の息吹を感じとったのです。あなたの愛は、単なる空虚なことばではありません。それはいつまでも続くあなたの現存、それはあなたのゆるし、それはあなたの限りない同情」

「復活された主よ、聖霊によってあなたはわたしの内に生き続け、けっしてわたしから離れることがありませんでした(47)」

けっして後戻りすることなく、すべてをささげる

「あなたにとって、わたしは何者なのか(48)」とキリストはあなたに尋ねます。

「キリスト・イエス、あなたこそ、わたしを愛し、終わることのない命へと招くお方です」

「あなたは、冒険の道をわたしに開きました。あなたがわたしにお望みになるのは、わたしのわずかなかけらではなく、わたしの存在すべてなのです」

「昼も夜も、あなたはわたしの中で祈っておられます。[49]そこでは、わたしが自分の思いをなんとか表そうと葛藤すること、それがすでに祈りなのです。キリスト・イエスの御名《みな》をただ呼ぶこと、それはわたしの心の空虚を満たします」

「あなたは、放蕩息子にお与えになった指輪をこのわたしの指にはめてくださいます。祝いと祭りの指輪[50]」

「そのようなあなたに対して、わたしはどのように応《こた》えていたというのでしょう。『神の輝きを冷淡さへと変えてしまわなかっただろうか』『生ける水の泉を捨てて、水をためることのできない壊れた水ためを掘ってはいなかっただろうか[51]』」

「キリスト、あなたは倦《う》むことなく、わたしを捜し求めておられたのです」

「なぜわたしはためらい、自分自身のことをするための時間を求めていたのでしょう。鋤《すき》に手をかけながら、なぜわたしは後ろを振り向いたのでしょう」

「しかし、あなたをまだ見たことがなかったのに、わたしはあなたを愛していました。それは、わたしの本当に願う愛の姿からまだ遠かったかもしれません。しかしそれでも、わたしはあなたを愛していたのです[52]」

「キリスト・イエス、あなたはわたしをこのように招いておられたのです。『あなたが理解しているほんのわずかな福音、それを生きなさい。わたしの命を人々に宣言するのです。来て、わたしに従いなさい[53]』」

「泉へと立ち返りながら、ある日わたしは分かりました。あなたは望んでおられたのです。わたしが、もうけっして後戻りすることなく、すべてをささげきることを」

テゼの「小さな源泉」

※この「小さな源泉」は、テゼ共同体《コミュニティー》の修道士《ブラザー》たちのために書かれた。ここには、その共同生活を可能にするための最も本質的なことが述べられている。

もはや、一人ではない

キリストと福音のために自分の人生をささげようとあなたが望むとき、(1) いつも心に留めなさい。あなたはキリストと共に光に向かって、あなた自身の闇のただ中においてさえ、前に進んでゆくということを。

だから、もう後ろを振り返ることなく、(2) キリストに従って前へと走り進みなさい。キリストが、光の道にそってあなたを導きます。「わたしは、世の光、そして、あなたもまた世の光(3)」

多くの人々のために主キリストの道を整えようとあなたは望み、(4) 世界の最も暗い夜にさえ、炎をともしていくのです。(5)

イエス・キリストは、わずかな人々のためにではなく、すべての人々のために来られました。(6) ご復活を通して、例外なくすべての人間をひとつにされたのです。このような普遍性の心を、神はあなたの中に置かれたのです。

始まりも終わりもない内なる命が、あなたの内に成長することにまかせますか。そのときあなたは、福音の喜びの門口に立つのです。そしてそこにこそ、人間の連帯は根を下ろすのです。

身近な人々であろうと遠くの人々であろうと、それらすべての人々にとって地球を住みやすい所にすること、それは、あなたが自分の人生によって書き上げる最も美しい福音の一ページとなるのです。

自分自身を忘れること、自分の利益を求めないことによって、あなたは、順境と逆境を絶え間なく繰り返す人類家族の状況のただ中に身をしっかりと置くのです。次々にやってくる波にのまれることなく、何が本当に大切なことかを理解しようと求めますか。

ほとんど何も持たなくても、分かち合うということによって人間のすばらしい希望を地球に生み出している人々がいます。あなたもその一人なのでしょうか。

あなたは、ほとんど何も持たなくても、あの愛の交わり《コミュニオン》――キリストのからだ、すなわちその教会――の中に和解を造り出す者なのでしょうか。

同じあこがれに支えられ、喜びなさい。あなたは、もはや一人ではありません。すべてのことにおいて、あなたは兄弟《ブラザー》たちと共に前進していくのです。この兄弟たちと共に、あなたは共同体《コミュニティー》のたとえを生きるようにと呼び出されたのです。

祈り

神秘に満ちたキリストの現存は、仮にあなたがそれをまったく感じていなくても、けっしてあなたを見捨てることはありません。あなたの内に疑惑の念が生じているように感じられることもあるかもしれません。しかし、それらすべてを超えて、そこにはキリストの絶えることのない現存という奇跡が起きているのです。

あなたはキリストに、突然こう尋ねることがあります。「このわたしに何をお望みなのですか」

復活されたキリストにこう語りなさい。「お聴きください、わたしの、この子どもの祈りを。そしてどうか、あらゆる瞬間に、わたしがすべてをあなたにゆだねることができますように」

わたしたちの祈りがなくても、神は神です。それにもかかわらず、神がわたしたちの祈りを大切にされるということ、これは神秘。

神は、人間のどんなことばも理解されます。沈黙のうちに神の近くにとどまること、それはすでに祈りです。口は閉じていても、心が神に語っています。そして、あなたの思いをはるかに超えて、聖霊によって神があなたの内で祈っておられるのです。(7)

共同の祈り。あなたはその中で、賛美の心によって、目には見えない真実をかいま見るのです。そこで、「意味の衝撃」と言えるものを受け取り、そのとき、あなたの内に愛の驚きが湧き上がります。

共同の祈りの中で気が散ってしまうときも、心配することはありません。あなたがそこに身を置いていること、それがすでに生ける神へのあなたのあこがれを表明しているのです。それは、観想の始まり。

一日を通して、あなたの労働と休息は、神のことばによって生かされるのです。

この古代からの祈りを心に留めなさい。「主を賛美せよ。賛美のときにわたしは敵から解放される(8)」

キリストはご自身を、エウカリスティアのうちに、ご聖体のうちにあなたに差し出されています。貧しく苦難の中にあるあなたのために、そこに今おられるのです。

来て、従いなさい

もしすべてが、信頼する心で始まるならば……。

神への信頼――信仰――は、とても単純素朴なことなのです。あまりにも単純素朴なので、だれでもそれを迎えることができます。それは、何回も何回も繰り返し目覚めていく営みです。

このことをいつも忘れないように。神は、命令や脅《おびやか》しでご自分を強要されることをけっしてなさらないということ。キリストは、苦悩することをけっしてだれにも望まれません。もしあなたにとって、神と共にある生活が神におびえる生活を意味するのなら、それは考え直さねばなりません。

神は愛。愛以外の何ものでもありません[9]。神の愛は、石の板に刻まれた厳しい律法ではありません。それは、聖霊によって、人の心の深みに記されているのです[10]。

ある日あなたは理解するでしょう、神に対するあなたの「はい」が、あなたの最も深いところに、自ら気づくことなく、すでに記されていたことに。そしてあなたは、キリストに従って歩んでゆくことを選んだのです。それは、だれもあなたに代わってすることのできない選択。

キリストの現存に包まれた沈黙の中で、あなたはキリストの声を聴いたのです。
「来て、わたしに従いなさい。[11] 心を休ませる場所をあなたに与えよう」

このようにして、臨終のときまで続く大胆な「はい」へと、あなたは導かれるのです。この「はい」は、あなたを無防備に世界へさらします。ほかの道はありません。

キリストはこのように語りかけるのです。

「わたしはすべてを分かち合った。人間の心の善と寛容を体験し、一方で悪魔とも何回も向かい合った。身近な人に見捨てられるということがどういうことかも知っている。事実、わたしと共に歩んだ者の中には、わたしを見捨てた者もいる」

「わたしは残った者たちに尋ねた、『あなたがたも離れていきたいか』[12]自分の全生涯をささげて「はい」と応《こた》えていくためには、自分はあまりに無力だ、ほとんど何も持っていないとあなたは思うだろう。事実、あなたの数々の試練と欠乏をわたしは知っている。しかし、本当は、あなたはあふれるほどに満ち満ちているのだ[13]」

人生すべてをささげることへの「はい」

この「はい」によって、あなたは常に目を開いています。不完全なものが——その始まりが人間の過ちであったとしても——キリストの愛の炎によって燃やし尽くされます。

けっしてなくなることのないこの炎を燃やし続けなさい。そのとき、あなたの「はい」が、内側に燃え上がります。

独身への「はい」は、人生のすべてをささげきることによって実現します。自分の力を超えて歩むことが、そのようにささげきることによって、繰り返し何回も可能になるのです。人の心も親しみも孤独も、それらすべてはそのままあり続けます。しかし、あなたでない方がそれらを変容させてくださるのです。

そのとき、あなたの魂は歌うことができるのです。「わたしはキリストにつながり、わたしはキリストのもの」

院長

院長は、交わりの僕《コミュニオンしもべ》。院長は、すべての兄弟《ブラザー》たちが交わり《コミュニオン》のたとえを共に生きるようにと心を配ります。

院長は、自分を兄弟たちの上に立つ者と考えてはなりません。しかし、兄弟たちは、院長が大多数に左右されることなく共同体《コミュニティー》の方向を定めようとするとき、彼が神の愛の意志を理解しようと探し求めることにまかせるのです。

もし、重要な事柄について、十分な同意が共同体に欠けていると院長が感じたときは、彼は暫定《ざんてい》的な方向を示し、後に必要に応じてそれを見直すことにも躊躇《ちゅうちょ》しません。

識別の徳、あわれみの心、心の無尽蔵な善、これらの賜物は院長に不可欠です。

彼は、自分を補佐して共同体を支える一人の兄弟を指名します。

総　会

総会の期間は、キリストの貧しさにあずかる者として、内なる沈黙の中で共に自らを整えます。それは、共有する召命のうちに福音の新鮮さを発見していくためです。

「わたしたちは霊的な賜物を熱心に求め、共同体《コミュニティー》を造り上げるために、それらをますます豊かに受けるように求めているのです(14)」

「こうしなければいけない」という権威主義ほど人を麻痺《まひ》させるものはありま

せん。また、あらゆることを議論することが、共同の生活を築くのでもありません。キリストに向かう群れが、もし優柔不断の沼地に沈んでしまったら、どのようにして先へ進むことができるというのでしょう。

食事

すべての食事は、兄弟的な交わり《コミュニオン》を分かち合うときとなります。

食卓の沈黙は、心の平和をもたらします。

単純素朴な食物は、わたしたちが、最もひどい欠乏の中に置かれている人々と関わる道を選択したことを思い出させてくれます。(15)

新しい兄弟《ブラザー》

新しい兄弟には、その召命の意味をあらゆる状況において理解するために、成熟への期間が必要です。

ある兄弟たちには、新しい兄弟に耳を傾け、彼らを生涯にわたる「はい」へと整える責任が与えられます。

遠隔地に住む兄弟《ブラザー》

遠くに住む兄弟たちは、その場所でキリストを示す者、喜びをたずさえる者として呼び出されたのです。

彼らがどこに身を置こうとも、エウカリスティア——ご聖体——の現存は、極度の貧困にあえぐ場所を人の息づく場所へと変えるのです。

人々とその貧しい生活状況を分かち合うとき、あなたは十分に気づいていますか。神は、あなたが単純にそこに身を置くことを通して、人類家族の苦難の何かを変容なさるということに。

どこにいようとも、あなたはほかの兄弟たちと同一の召命を生きています。あなたの生活が、共同体《コミュニティー》全体の召命を映すものであるように注意することが大切です。

歓迎

日々わたしたちが迎え入れる人々は、わたしたちの中に、キリストとその平和を感じるでしょうか。

たくさんの人々をもてなすというわたしたちの召命において、それが豊かな識別をもって行われることは実に重要です。度を過ぎた親しさは、わたしたちの召命の意味をあいまいにしてしまうことがあります。

識別の賜物が与えられた兄弟《ブラザー》たちは、何かを打ち明けて相談しようと訪れる人々に耳を傾けるようにと指名されます。兄弟たちが耳を傾けるのは、初めから助言を与えるためではありません。彼らの中に、キリストの道を整えるためです。[16]だからこのように問い続けるのです。「彼らは十分に気づいているだろうか。自分の内に秘められている富に、自分の中に置かれたすべての賜物に」

信仰の神秘

あなたの生活は、共同体《コミュニティー》に根を下ろしています。そしてその共同体は教会の一部です。ですから、あなたはこのように祈るのです。

イエス　わたしの喜び
　わたしの希望
　　わたしの命
わたしの罪ではなく
あなたのからだである教会の信仰に　その信頼に　目を注いでください

すべての時代のキリスト者
――聖母マリアや使徒たちから
現代に生きるキリスト者――に従いながら
どうかわたしが　自分のすべてを　内なる命に投げ出し
信仰の神秘の中に　わたしの信頼を置くことができますように[17]

心の平和

心の平和は、周りの人々に、生きることの美しさをもたらします。

心配のうちに沈むことは、福音を生きる道ではけっしてありません。あなたの信仰を苦悩の上に築くことは、砂の上に家を建てるようなものです。[18]

あらゆる瞬間に、このイエスのことばが聞こえていますか。「わたしは、平和をあなたがたに残し、わたしの平和を与える。心を騒がせるな。おびえるな」[19]

失敗や落胆があなたの肩にのしかかるとき、あなたの深いところにある平和が、ふたたび歩み出す軽やかさをもたらすのです。
そしてそのとき、詩情あふれる息づかいと共に、無上の驚きが湧き起こります。命の単純素朴さ。そして、知ることのできる人には、深遠に宿る人間性の神秘に満ちた姿。

この福音の祈りをささげるのです。

主キリスト
わたしたちと
わたしたちに託されたすべての人々を祝福してください

山上で語られたあなたの福音の息づかいで
わたしたちを支えてください[20]
喜び
単純素朴
あわれみ

喜び

心の平和は、内なる命の中心です。それは、わたしたちが喜びに向かって道を進むときの支えです。

平和と喜び、この二つは福音の真珠です。平和と喜び、それが不安の深淵を埋めるのです。

あなたは、毎日を「今日《きょう》という神の日」として新たに迎えますか。どんな季節においても、そこに命あふれる詩を発見していく道を歩みますか——光あふれる日にも、冬の凍りついた夜にも——。心を励ます小さなしるしに目を注ぎ、そのしるしによってあなたの質素な住み家を喜びで満たしていく、あなたはそのような道を発見するでしょうか。

復活されたキリストの現存は、予期しなかった喜びのときへとわたしたちを導いていきます。それは、あなたの夜を貫きます。「あなたと共にいるとき、闇はもはや闇ではない。夜も昼のように光を放つ[21]」

あなたは、自由へと呼ばれたのです[22]。あなたの過去はキリストのただ中に埋められ、神は、あなたの未来をもすでに担ってくださっているのです。

苦しみを恐れてはなりません。キリスト・イエスとの交わり《コミュニオン》の中で、混沌の深みに喜びの完成を見いだすのです。

自分と周りの人々を通して神が果たそうとしておられることを、あえて喜ぶのです。そうすれば、あなたの魂に戦いを起こす自分自身と周りの人に関するすべての悲観的な思いは溶けていきます。

もしあなたが、自分の中の聖霊の賜物を忘れ(23)、自分への自信を跡形もなく失ってしまうとしたら、そのときあなたは、自分の均衡を失う大きな危険に置かれます。空虚は魅惑的で、あなたの魂を奪います。

喜びと共に驚きが訪れます。このような喜びは、それが輝き出すために、何にもまして、あなたの存在すべてを必要とします。そしてそれは、平和な愛の澄みきった開きの中に宿っているのです。

一粒の麦は、地に落ちて死ななければなりません。[24] 過越《すぎこし》の喜び、ご復活の喜びは、魂の人知れない傷に癒やしをもたらすのです。その喜びは、心を傲慢にさせず、人からの称賛も必要としません。それは、まっすぐに光の門口へと向かうのです。

復活されたキリストの霊
神秘あふれる現存よ
どうかわたしたちの人生を
　あなたへの信頼のうちに根づかせてください
歓喜の泉は　そこでけっして涸《か》れることがありません

単純素朴

福音書の中に、神を探求し、その愛の意向を模索する一人の青年の話が出てきます。彼は問いを持ってキリストのところにやって来ます。イエスは、青年にこの招きを告げます。これは福音書の中で最も驚くべき招きなのです。「あなたに欠けているものが一つある。持ち物を売り払い、貧しい人々に施しなさい。それから、わたしに従いなさい[25]」。その青年は、悲しみながら去って行きました。

なぜ彼は、去って行ったのでしょう。たくさんの財産を持っていたからです。彼は、キリストに従おうとすると同時に、自分の富にもすがりつこうとしました。

彼は、愛を通して与えることの自由、自らの所有物さえも与えることの自由を持っていなかったのです。

共同体《コミュニティー》としてのわたしたちの召命は、生活を自らの労働によって支え、献金も遺産も贈り物もいっさい受け取らない道へとわたしたちを招いています。何もないのです。いっさい何も。

貧しくなることを恐れず、財産を保証しようとすることから解放された大胆さ、それは、はかりしれない力の泉なのです。

貧しさを生きる心とは、厳しい貧困の生活を望むことの中にあるのではなく、すべてのことを、豊かな想像力で、創造の単純素朴な美しさのうちに整えていくことの中にあります。

単純素朴さを愛する人は幸い、彼らの内に神の国があるのです。(26)

生活を絶えず単純素朴にしていくことは、わたしたちを曲がった道に迷い込むことから遠ざけます。

燃えるようないつくしみに欠ける単純素朴さは、光のない影。もし大いなる単純素朴さの生活が、苦渋に満ち、自分と人への口うるさい文句にあふれていたら、いったいどこに今日《きょう》という日の喜びがあるのでしょう。

陽《ひ》の光は、雲の裂け目から突然降り注ぎます。壮年期のさまざまな力が、あなたの中の子どもの息吹で、一つに結び合わされていくとき、あなたの魂は澄みきった喜びへ近づいていくのです。

創造主なる聖霊
あなたは　野の花を美しく装ってくださいます(27)
どうか　あなたがわたしたちに注がれるすべてのものを　喜ばせてください
それがわたしたちにとって十分でありますように

あわれみ

もしあなたが、あわれみ――心の深い同情――を失うとしたら、あなたはすべてを失います。

無条件な愛への招きにあなたは身をゆだねるのです。七の七十倍まで、つまり、絶えずゆるし続けることへの招き。(28)

軽快な足どりで、一つの発見からもう一つの発見へと歩んでいくのです。

愛する者、自らを忘れる者にとって、生活は澄みきった静かな美しさに満ちています。すべての友情には内なる葛藤が伴います。しばしば、試練を通して、愛のはかりしれない深遠さが明らかになります。

周りの人に良心の呵責《かしゃく》を起こさせ、自分を押しつけようとしたり皮肉な口調をぶつけたりするのではなく、優しさがあなたから流れ出ることに身をゆだねますか。

この澄みきった愛の中で、単純に自分の過ちは認めなさい。兄弟の目にあるおが屑《くず》を見ることに時を費やしてはなりません(29)。

優しさの深みとなった共同体《コミュニティー》は幸い。それを通してキリストが輝くのです。比類なく輝くのです。

信頼は、すぐそこに

キリスト――すべての愛を支える愛――は、あなたの中で燃える炎。そして愛がゆるしとなるとき、あなたの心は、試みに遭《あ》いながらも、ふたたび生き始めるのです。

キリストのゆるしを観想することは、単純素朴な心の中で光り輝く優しさとなります。そのとき、キリストの聖性は、もはや手の届かないものではありません。

わたしたちはキリストのことをほんの少し知っているだけです。しかし、キリストは、わたしたちのただ中におられ、[30] そこにけっして途絶えることのない息づかいが訪れます。「ほんの少し」はわたしたちにとって十分なのです。

恐れることはありません。すぐ近くに信頼の道があります。そしてそこに、喜びがあります。

祈り

キリスト・イエス
内なる光
どうかあなたの現存を迎え入れ
喜びを生きることができますように

あなたを愛します
それは
わたしの本当に願う愛の姿からまだ遠いかもしれません
しかしそれでも　わたしはあなたを愛します
すべての愛を支える愛

あなたのために
その福音のために
わたしがわたしの全生涯を差し出すことを　あなたはご存じです

終生の献身

※以下の応答は、テゼ共同体《コミュニティー》において、「兄弟《ブラザー》」が終生の献身への誓願を立てる日に交わされるものである。

愛する兄弟、あなたは何を望んでいますか。

神のあわれみと、兄弟《ブラザー》たちの共同体《コミュニティー》のあわれみです。

どうか神が、あなたの中に始められたことを成し遂げてくださいますように。

兄弟、あなたは今、神のあわれみに信頼しています。思い出してください。主キリストは、あなたの信仰の弱さを助けようと来られるのです。あなたと共にご自分を差し出しながら、キリストはあなたのためにその約束を満たされます。

「はっきり言っておく。キリストのため、また福音のためにすべてを捨てた者は、今、百倍の家、兄弟、姉妹、母、子を受ける。しかしまた、それと共に迫害

もある。しかし、後の世では永遠の命を受ける」(1)

これは、人間のすべての理性と相《あい》いれない道です。あなたは、目に見えるものによってではなく、(2)信仰によってのみ前へ進んで行くことができるのです。キリストのために自分の命を与える者はそれを得るということを確信しながら。(3)

今から先、キリストに従って歩みなさい。明日のことを思い悩んではなりません。(4)まず何よりも、神の国とその義を求めるのです。(5)あなたのすべてを投げ出すのです。あなた自身を差し出すのです。そうすれば押し入れ、揺すり入れ、あふれるほどに量《はか》りをよくして、ふところに入れてもらえます。あなたは自分の量る秤《はかり》で量り返されるのです。(6)

昼も夜も、目覚めているときも眠っているときも、種が芽を出して成長します。どうしてそうなるのか、あなたは知りません。(7)

人の称賛を得ようと、自分の良さを誇示することを避けなさい。(8)苦しみに満ちた顔つきをして人の関心を引こうとする偽善者のように、あなたの内面の生活が自分の顔を悲しくさせることがけっしてあってはなりません。頭には油をつけ、顔を洗うのです。そのようにして、父のみがあなたの心の思いをひそかに知ってくださるのです。(9)

単純素朴さにとどまりなさい。そして、喜びにあふれるのです。あわれみ深い者の喜び、兄弟愛の喜び。

注意深く目を覚ましていなさい。もし兄弟に忠告せねばならないことがあるのなら、それは二人だけのことにとどめておきなさい(10)。

隣人と交わり《コミュニオン》を築くことに心を配りなさい。

あなたに耳を傾ける役割をもった兄弟がいることを思い出し、自分のことについて心を開いていなさい。あなたの考えを彼に伝えるのです。そうすれば彼は喜びをもって自分の使命を果たすことができます(11)。

主キリストは、あなたへの深い同情と愛のうちに、あなたを選ばれました。教会の中の兄弟愛のしるしとなるようにと選ばれたのです。あなたがその兄弟たちと「共同体《コミュニティー》のたとえ」を生きること、それを神が今、望んでおられるのです。

ですから、後ろを振り返らず、[12] 限りない感謝と共に喜ぶのです。夜明けを迎えるために起き上がることをけっして恐れてはなりません。[13]

あなたの主・キリストを、
　賛美し、
　ほめたたえ、
　歌い続けるのです。

主よ、わたしをお受けください。そしてわたしは生き始めます。どうかわたしのこのあこがれが、喜びの源でありますように。

兄弟よ、知りなさい、あなたを呼び出されたのはキリストであることを。そしてこの式の中であなたは、キリストに向かって応《こた》えるということを。

あなたは、キリストの愛のゆえに、あなたの全存在をもって自分をキリストにささげますか。

はい、ささげます。

あなたは、この共同体《コミュニティー》の一員となって、あなたの兄弟たちとの交わり《コミュニオン》のうちに、これから先、神への奉仕の業《わざ》を果たしていきますか。

はい、果たしていきます。

あなたは、すべての所有権を放棄し、兄弟たちとすべての物質的および霊的なものを共有する道、すなわち、心のすべて開かれた道を歩みますか。

はい、歩みます。

あなたは、兄弟たちにより有用に仕えるために、またキリストに一心な愛で自らを差し出すために、独身にとどまり続けますか。

はい、とどまり続けます。

あなたは、わたしたちが一つの心と一つの思いになるために、また共同のつとめの中で十分に一致できるように、院長はこの共同体において貧しい僕《しもべ》であることを留意しながら、その院長によって示された共同体の方向を受け入れますか。

はい、受け入れます。

あなたは、いつも兄弟たちの内にキリストを識別し、順境の日にも逆境の日にも、苦悩の日にも喜びの日にも、あなたの兄弟たちを見守り、世話しますか。

はい、見守り、世話します。

これをもって、キリストとその福音のゆえに、あなたは今よりわたしたちの共同体《コミュニティー》の兄弟《ブラザー》です。

どうかこの指輪が、主へのわたしたちの忠誠のしるしでありますように。

注

1 ヨハネ1・26
2 ルカ17・5—6
3 一ヨハネ4・10、19
4 マルコ9・24
5 ルカ9・62
6 マルコ1・15
7 マタイ11・29
8 マタイ14・27
9 ヨハネ1・4—5
10 イザヤ43・4
11 ヨハネ15・13
12 ヨハネ1・18
13 エフェソ3・18—19
14 ローマ8・27
15 マタイ5・17
16 ローマ8・34
17 二ペトロ1・19
18 ルカ24・32
19 イザヤ35・1—2
20 マタイ25・40
21 イザヤ9・1 ルカ1・79
22 列王記上19・9—13
23 ルカ21・1—4
24 マタイ5・11—12
25 マタイ18・21—22
26 ルカ23・34
27 一コリント13・2
28 マタイ5・23—24
29 一ペトロ2・23—24参照
30 ルカ6・27—28
31 ルカ6・32—34
32 使徒言行録1・14

33 ルカ1・46–55
34 マタイ3・3
35 ルカ9・46–48参照
36 黙示録2・9–10 シラ2・2参照
37 エゼキエル36・27
38 イザヤ54・10
39 ヨハネ10・3
40 箴言30・16
41 ヘブライ11・8
42 ヘブライ12・1
43 ローマ4・18参照
44 ルカ12・25–26
45 一ヨハネ3・20
46 ルカ17・21
47 ガラテヤ2・20参照
48 マタイ16・15
49 マルコ4・27参照
50 ルカ15・22–24
51 エレミヤ2・13
52 一ペトロ1・8
53 ヨハネ21・22

テゼの「小さな源泉」

1 マルコ10・29 マタイ16・25
2 ルカ9・62
3 ヨハネ8・12 マタイ5・14
4 マルコ1・3
5 ルカ12・49
6 テトス2・11
7 ローマ8・26
8 詩編18・4
9 一ヨハネ4・16
10 エレミヤ31・33 二コリント3・3
11 マルコ10・21

12 ヨハネ6・67
13 黙示録2・9
14 一コリント14・12
15 マタイ25・34―40参照
16 ヨハネ1・23
17 一テモテ3・9、15―16参照
18 マタイ7・26―27
19 ヨハネ14・27
20 マタイ5・3―12参照
21 詩編139・12
22 ガラテヤ5・13
23 二テモテ1・6―7
24 ヨハネ12・24
25 マタイ19・21
26 マタイ5・3
27 マタイ6・28―29
28 マタイ18・21―22
29 マタイ7・3―5
30 ヨハネ1・26

終生の献身

1 マルコ10・29―30 ルカ18・29―30
2 二コリント5・7
3 マタイ16・25
4 マタイ6・34
5 マタイ6・33
6 ルカ6・38
7 マルコ4・27
8 マタイ6・1
9 マタイ6・16―18
10 マタイ18・15
11 ヘブライ13・17
12 フィリピ3・13
13 詩編119・147

テゼ共同体《コミュニティー》について

ブラザー・ロジェは、キリスト者たちの間にある分裂を乗り越える道を模索するために、またこのキリスト者の和解を通して、人類家族の中にある対立のいくつかでも乗り越えることができたらと、テゼ共同体《コミュニティー》を創始した。今日、世界中から何千何万もの若者たちがテゼを訪れる。彼らはそこで祈り、また世界の平和、和解、信頼のために働こうと自らを整える。

はじまり

テゼの創始者ブラザー・ロジェは、彼の人生を方向づけた初期の影響について尋ねられるとき、しばしば彼の祖母について話す。祖母は、第一次世界大戦のとき、北フランスに住んでいた。当時三人の息子は前線で戦っていた。彼女は難民に家を開放し、爆弾がすぐ近くに投下されるようなときにも、老人、幼い子ども、妊婦らの難民に家を提供しようととどまり続けた。すべての住人が避難せねばならなかったときでさえ、彼女は最後の瞬間までとどまった。彼女の唯一の願いは、自分が体験したようなことを、もうだれも体験することのないように、ということであった。彼女は、よくこう言った。「分裂したキリスト者たちが互いに殺し合ってきたのです。新たな戦争を防ぐために、もしキリスト者たちだけでも互いに和解することができるなら……」。彼女は、何世代にもわたるプロテスタントの家に生まれたのだが、まず自分の中で和解を現実のものにしようと、カトリック教会を訪ねるようになった。それによって彼女が、人々から自らの伝統を放棄していると誤解されることはなかった。

どんなときにも、最も困難な人々のために危険をかえりみないこと、ヨーロッパの平和のためにカトリックの信仰と和解していくこと、祖母のこの二つの意志は、ブラザー・ロジェの後の人生に深く刻まれた。

一九四〇年、ブラザー・ロジェが二十五歳のとき、新たな世界大戦が人類を引き裂いていた。当時、ブラザー・ロジェは数年にわたって、和解への招きを絶えることなく日々新たに生きる共同体《コミュニティー》のことを思いめぐらしていた。彼は、荒れ狂う戦争の中に身を置こうと、生まれ故郷スイスを離れ、母親の国フランスに移り住んだ。後に彼は、こう書いている。「信じる者が神の絶対的な招きに応《こた》えて生きようとすればするほど、それを人間の苦悩のただ中に置くことがますます不可欠となる」

住む家を探しながら、彼はクリュニーの町にたどり着き、そこで、近くの村テゼに一軒の家が売りに出ていることを知った。テゼで彼を出迎えたのは一人の老婦人だった。彼女に自分の計画を告げると、彼女は言った。「ここにとどまってください。わたしたちはここで孤独なのです」。このようなことばは、それまで訪ねたほかのどんな所でも聞くことはなかった。ブラザー・ロジェは、この貧しい婦人を通して神が語られていると感じた。

テゼの村は、フランスを当時二つに分割していた境界線からほんの数キロしか離れていなかった。ブラザー・ロジェは、買い取った家に政治難民をかくまった。その多くはユダヤ人であった。一九四〇年から四二年にかけて彼はテゼにとどまったが、当時彼は、まったく一人であった。一日三回の一人の祈りが小さな礼拝堂でささげられた——ちょうど、彼が当時思い描いていた共同体《コミュニティー》が後にそのような祈りの生活をするように――。

一九四二年の十一月十一日と十二日にかけて、全フランスは侵入軍の占領下に置かれ、ナチの秘密警察・ゲシュタポは二回にわたって彼の家を訪ね、彼がかくまっていた人々を見つけようとした。このことが起きたのは、ちょうど彼がパスポートを持たない人の国境越えを助けるために、スイスにいたときであった。

交わり《コミユニオン》のたとえ

一九四四年、ブラザー・ロジェは、それまでに出会った彼の最初の「兄弟《ブラザー》」たちを伴ってテゼに戻った。一九四九年、数人の兄弟たちと共に、生涯を観想の修道生活にささげる誓願を立てた。独身生活、院長の司牧への従順、物質的かつ霊的なものすべてを共有する誓願。院長ブラザー・ロジェは、一九五二年、兄弟たちのために、短い生活の規律『テゼの規律』を書いた。それは後に、『テゼの源泉』と呼ばれるようになり、二〇一七年に改訂された最も新しいものは、本書の中に収められている。

年がたつにつれて、兄弟たちはその数を増した。最初の兄弟たちはプロテスタントであったが、しだいにカトリックの兄弟たちも加わるようになった。現在、すべての大陸の約二十五の国を出身とする兄弟《ブラザー》たちが生活している。

テゼ共同体《コミュニティー》は、何よりもまずその存在そのものによって、分裂したキリスト者たちの間で、またすべての分かたれた人々の間で、和解の「しるし」となっている。テゼ共同体《コミュニティー》は、自らが、「交わり《コミュニオン》のたとえ」であることを望む。それは、人が日々そこで和解を求め生きる所である。

たしかに、キリスト者間の和解はテゼの召命の中心ではあるが、それはそこで終わるものではけっしてない。それを通してキリスト者が、人々の間の和解、国々の間の信頼、そして地上における平和のパン種となることを、テゼは願っている。

テゼ共同体は、自らのための贈り物や献金を受け取らない。兄弟たちは、個人的な遺産さえも受け取らない。彼らは、自らの労働を通してその生活を支え、さらにそれは、人々との分かち合いを可能にしていく。

一九五〇年代から、兄弟たちの何人かがテゼの外に出て生活するようになった。弱い立場に置かれた人々の中にとどまり、苦悩する彼らのかたわらで平和を証しするためである。今日、南北アメリカ、アジア、そしてアフリカの貧しい地域に彼らは住み、周りの人々とその困難な生活を分かち合おうとしている。

青年たちを迎え入れる──国際的な集い《インターコンティネンタル・ミーティング》の場

一九五七年以降、テゼはそれまでになく多くの若者たちを迎えるようになった。彼らは、ポルトガルやスウェーデンから、スコットランドやポーランドから、またその他の大陸からも訪れて、信仰の源泉をテーマにした一週間単位の集いに参加する。

一九八九年に国境が開かれて以来、東ヨーロッパからテゼを訪れる青年たちの数はますます増えている。テゼ共同体《コミュニティー》は、一九六〇年代の初め以降、ヨーロッパが二つに分断されていた期間も、東ヨーロッパの国々の人々と、ときには極めて慎重に、密接な関係を保ってきたのだった。

今日、テゼで見る青年たちの顔立ちや衣服の多様性は、集いが実に国際的なものであることを示している。毎週、三十五から七十の国々の青年たちがテゼを訪れる。メキシコや日本から、ザイールやインドから、ハイチや南アフリカから。

青年たちだけでなく、多くの家族も子どもたちと共にさまざまな国々からテゼを訪れ、祈りと出会いの一週間を過ごす。

わずか数時間をテゼで過ごしていく何千もの巡礼者を別にしても、このような毎週開かれる国際的な集いには、夏には三千人から五千人の、春や秋には五百人から千人の青年たちが参加する。

テゼを訪れる何千何万もの青年たちは、一つのテーマについて思いめぐらす。

それは「内なる命と人々との連帯」。彼らは、信仰の源泉に心を向ける。そこで人生の意味を模索し、新しい原動力を見いだし、ふたたび歩き始める。一週間にわたって、世界中から集まった人々と共に祈り、分かち合うことによって、青年たちは、自分の日常の状況の中で神からゆだねられた役割を担っていくようにと、自らを整える。

一日三回、すべての人が、テゼの丘に立つ「和解の教会」に集まり、共に祈りをささげる。一九六二年に建てられたこの教会は、一九九〇—九一年に大きく拡張された。祈りで用いられる「テゼの歌」は、多くの言語をもとに作曲され、何回も繰り返し歌う簡単な歌詞で構成されている。それは、信仰の核心を端的に表し、人の心に共鳴し、そしてさらに、その人の全存在をゆっくり貫いていく。夜の祈りでは、このような祈りの歌が深夜まで続く中、何人かの兄弟たちが聖堂に残り、個人的な悩みや質問を持つ人々に耳を傾ける。

毎土曜日の夜の祈りは、主のご復活前夜として祝われる。それは光の祭り。毎金曜日の夜の祈りでは、教会の中央の床に十字架のイコンが横に置かれ、だれでも望む人は、その周りに来て座り、沈黙のうちに祈る。自分と人々の重荷を神にゆだねるために、また試練に遭《あ》っているすべての人々と共にとどまっておられる復活されたキリストに連なるために。

一九六六年以来、八百年近く前に創立されたカトリックの聖アンデレ修道女会のシスターたちが、隣の村に住むようになった。彼女たちは、テゼに人々を歓迎する役割の一端を担っている。その後さらに、三つのカトリックの女子修道会がその役割に加わるようになった。

教皇ヨハネ・パウロ二世は、一九八九年十月五日にテゼ共同体を訪問された。共同の祈りの中で、教皇はそこに集まった青年たちに、ご自分の訪問の意味について以下のように語られた。

泉のわきを通っていくように、人は通り過ぎていきます。旅人はここで立ち止まり、喉《のど》の渇きを潤《うるお》し、そしてその旅を続けるのです。ご存じのように、この共同体の兄弟たちは、皆さんをここにとどめようとはしません。この兄弟たちが、祈りと沈黙の中で皆さんに望むことは、皆さんがキリストによって約束された生ける水を飲むことができるようになること。皆さんがキリストの喜びを知り、その現存を見いだし、その招きに応《こた》え、そしてその愛を証しするために再びここを出発していくこと。さらに、皆さんの教会や学校や大学、またすべての職場で、そこにいる兄弟や姉妹たちに仕えていくことなのです。今日、テゼ共同体《コミュニティー》は、青年たちへのその希望あふれる信頼のゆえに、すべての教会や修道会に、さらには世界中の最も責任ある政治的指導者たちにさえ知られています。今朝《けさ》わたしがここを訪れたのは、何にもましてこの信頼と希望を皆さんと分かち合うためなのです。

共同の祈りの後で、教皇ヨハネ・パウロ二世は共同体の兄弟たちと会い、以下のように語られた。

親愛なる兄弟の皆さん、家族のような親しみにあふれるこの短い集いにあたって、わたしは、皆さんのことをとても愛しておられた教皇ヨハネ二十三世が、ある日ブラザー・ロジェに告げたこの単純素朴なことばで、皆さんへのわたしの愛情と信頼を表したいと思います。「ああ、テゼ。あの小さな春の訪れ！」

わたしが願うのは、主が皆さんを、福音の喜びと澄みきった兄弟愛のうちに、豊かな春の訪れとして、また小さく貧しくあり続けるものとして、支え守ってくださるということです。

皆さん一人ひとりは、神のあわれみの内に生きるため、そして兄弟《ブラザー》たちから成る共同体《コミュニティー》を生きるために、このテゼにやって来ました。キリストの愛のゆえに、あなたの存在すべてをキリストに聖別することを通して、あなたはこの二つを見いだしたのです。

しかしそれだけではありませんでした。皆さんが望みもしなかったのに、皆さんの祈りとその共同体の生活に魅せられて、何千何万もの若者たちが、あらゆる所からここにやって来るようになったのです。このような若者たちは、神が皆さんにお与えになった贈り物、道筋《みちすじ》でなくていったい何でしょう。

彼らを通して、皆さんは自らの賜物の喜びと新鮮さのうちにますます一つに結び合わされ、それは、真実の人生を模索するすべての人々にとって春の訪れとなっているのです。皆さんの日々、その労働、休息、祈り、それらすべては、皆さんに根づいた神のことばによって命あふれています。この神のことばは、皆さんを小さく貧しいものとします。すなわち、皆さんは、神の子どもとして、また山上の福音の喜びを生きる兄弟として、仕える者として生きています。

そのユニークで、独創的な、ある意味で暫定《ざんてい》的な召し出しのゆえに、皆さんの共同体が人々の中にしばしば驚きを生じさせ、無理解や疑惑とも向かい合わねばならないこともわたしは知っています。しかしわたしは確信しています。すべてのキリスト者が完全な交わりへと和解されるようにという皆さんの情熱とその教会への愛のゆえに、神のご意志に心を開きながら、皆さんはこれからもこの歩みを続けていくことができるということを。

さまざまな教会や修道会の批評と提案に耳を傾けながら、同時に自らの良さを保つのです。すべての人々との対話に心を開きながら、一方で皆さんの期待や企画を表明することをためらうことはありません。このように歩むとき、皆さんは若者たちを失望させることなく、教会の一致のための道具となるのです。キリストは、一つの同じ信仰における完全な交わりを通してご自分のからだ――その教会――が目に見える一致へと回復することを望んでおられます。そのための皆さんの努力はけっして緩《ゆる》められることがありません。

ご存じのように、わたしは個人的にも、教会の一致をわたしに課せられた不可避な課題と考えています。それは、わたしの司牧的働きの中で最も大切なことの一つであり、そのための皆さんの祈りを必要としているのです。

自ら「共同体のたとえ」となろうとすることを通して、皆さんは、出会う多くの人々がそれぞれ属する教会に忠実であるように、またそれぞれの教育の実りや良心の選択に忠実であるようにと助けるのです。しかしそれだけではなく、このような人々が、「教会は神の摂理の中に置かれている」という交わり《コミュニオン》の神秘にますます入っていくようにと助けるのです。

キリストは、ご自分の教会へ自らをささげることを通して、すべてのキリスト者の内に愛の力を放ち、彼らに正義と平和を造り出す者となるための普遍性の心をお与えになります。その普遍性の心によって、人々の内なる観想と世界の苦悩は一つにされ、そこで一人ひとりの、人間の、そして人類全体の完全な解放を告げる福音を人々は生きるのです。

親愛なる兄弟の皆さん。わたしを招いてくださり、それによってわたしがこのテゼにふたたび戻って来る機会を与えてくださり感謝します。どうか主が、その平和と愛のうちに皆さんを祝福し守ってくださいますように。

地上における信頼の巡礼

一九七〇年、ブラザー・ロジェは、世界規模の「青年会議」の構想を発表し、一九七四年にはその中核となる大会が開かれた。青年たちが多くの落胆を体験し、教会を離れていったこの時期に、この青年会議は、キリスト者の和解と世界の平和の創造に参加していくことの希望を青年たちに差し出した。そしてこの青年会議は、その後始まった「地上における信頼の巡礼」の基礎を築いたのであった。

この「信頼の巡礼」は、テゼを中心にした運動へと人々を招くのではなく、彼ら一人ひとりが置かれているそれぞれの近隣の家々や町で、村や教会で、幼い子どもから老人まですべての世代の人々と共に、平和の巡礼者、和解を運ぶ者となるようにと青年たちを励ます。

この巡礼を支えるために、ブラザー・ロジェは毎年青年たちに手紙を書き続け、それは六十の言語に訳された。これらの手紙は彼がそのとき滞在している貧しい地域から書かれたことが多い（コルカタ、ワルシャワ、ハイチ、マドラス（チェンナイ）、エチオピア、ロシア、プラハ……）。ブラザー・ロジェは、このように、特別の苦しみを抱えている地域へ行って、試練に苦悩する人々の近くにとどまろうとした。彼は、何回にもわたって、ニューヨークの当時「地獄の台所」と呼ばれる多くの少数移民が住む地域に行き、兄弟《ブラザー》たちとそこに住んだ。さらに彼は、チリの先住民やコルカタのスラムに住む人々と生活を共にし、また南アフリカ、レバノン、ハイチ、干ばつに悩むアフリカのサハラ地方、マドラス（チェンナイ）、エチオピア、フィリピンなどに滞在した。

毎年、年末になると、テゼは東西ヨーロッパのどこかの都市で、五日間のヨーロッパ大会を開く（プラハ、ロンドン、ローマ、ウィーンなど）。そこには何万もの青年たちが集まり、彼らは、その地域の教会や信徒の家に迎え入れられる。同じような大会は、いままでインドのマドラス（チェンナイ）、フィリピンのマニラ、米国オハイオのデイトン、南アフリカのヨハネスブルクなどで開かれている。

一九八八年、ロシアのキリスト教千年祭にあたり、テゼの呼びかけた寄付によって、百万冊の新約聖書がロシアに送られた。

世界の人々の生活とその命に深く心を寄せるブラザー・ロジェは、世界の緊迫した状況の中にもしばしば慎重に関わっていった。青年たちの代弁者として、平和のために公的な動きもとり、国家の指導者たちを訪ねた。五つの大陸を代表する子どもたちを伴って、ブラザー・ロジェは、国連の当時の事務総長、デクエヤル氏を訪ね、国家間の信頼を築くために国連が成し得ることに関する青年たちの提案を手渡した。デクエヤル氏は、こう書いている。「テゼが青年たちと勧めている『地上における信頼の巡礼』は、わたしたちが皆あこがれている平和の理想へと、わたしたちを一歩ずつ近づけてくれる」。一九七四年、ブラザー・ロジェは、マザー・テレサが前年受賞したテンプルトン賞を授与された。その賞金は、出会いの場に経済的な理由で来られない世界各地の青年たちのために用いられた。一九八八年、ユネスコは平和教育賞を彼に贈り、さらに一九九二年には、彼の和解への貢献に対して、フランスのストラスブールからロベルト・シューマン賞が贈られた。二〇〇五年八月、帰天。

テゼは、教会の春へのあこがれを喚起する行動としるしを常に模索している。それは、現在の困難にとどまり続けずにそれを越えたところを見つめる教会。それは、人間の最も深いところに息づく分かち合いの大地、和解のパン種。

テゼについて、さらに知るために

CD

『カンターテ』『ジュビラーテ「歓喜」』『ベニサンクテスピリトゥス』『アレルヤ』(女子パウロ会)

『ジョイ・オン・アース(Joy on Earth)』『シング・トゥ・ゴッド(Sing to God)』(サンパウロ)

書籍

マザー・テレサ、ブラザー・ロジェ著/植松功訳『祈り―信頼の源へ―』

ブラザー・ロジェ著/植松功訳『信頼への旅―内なる平和を生きる365日の黙想―』

テゼ共同体編/打樋啓史訳『来てください　沈むことのない光―初期のキリスト者たちのことば―』

テゼ共同体編/植松功訳『愛するという選択―テゼのブラザー・ロジェ 1915-2005 ―』(以上、サンパウロ)

黙想と祈りの集い準備会編『テゼ　巡礼者の覚書』(一麦出版社)

The Taize Community(テゼ共同体《コミュニティー》)

71250 Cluny, France

Tel:Community (33) 385 50 30 30

Meetings (33) 385 50 30 02

Fax:(33) 385 50 30 15

http;//www.taize.fr

テゼの源泉《げんせん》——これより大《おお》きな愛《あい》はない——

著　者——ブラザー・ロジェ
訳　者——植松　功

発行所——サン パウロ

〒160-0004　東京都新宿区四谷 1-13　カタオカビル 3 階
宣教推進部（版元）Tel. (03) 3359-0451　Fax. (03) 3351-9534
宣教企画編集部　Tel. (03) 3357-6498　Fax. (03) 3357-6408

印刷所——日本ハイコム㈱

2019 年 4 月 1 日　初版発行

ISBN978-4-8056-6127-7　C0216（日キ販）
落丁・乱丁はおとりかえいたします。